A la Découverte du *Petit Prince*

An Enrichment Workbook for Exploring Language and Themes

A la Découverte du
Petit Prince

An Enrichment Workbook for Exploring Language and Themes

Anne Gassaway Brown

M.A., Middlebury College

National Textbook Company
a division of NTC/CONTEMPORARY PUBLISHING COMPANY
Lincolnwood, Illinois USA

Published by National Textbook Company,
a division of NTC/Contemporary Publishing Company,
4255 West Touhy Avenue,
Lincolnwood (Chicago), Illinois 60646-1975 U.S.A.
© 1996 by NTC/Contemporary Publishing Company

7 8 9 0 VL 9 8 7 6 5 4 3 2

This book is dedicated

to that essence of the little prince

that resides in every heart.

Le Petit Prince

Table des matières

A la Découverte du *Petit Prince*

Introduction pour l'étudiant

Vous allez commencer la lecture du *Petit Prince*. C'est d'abord l'histoire d'un homme perdu dans le désert parce que son avion s'est écrasé dans les sables du Sahara. Mais c'est également l'histoire d'un enfant qui apparaît dans ce même désert et qui, lui, ne semble pas perdu du tout. L'homme est l'auteur Antoine de Saint-Exupéry; l'enfant est le petit prince.

En entreprenant la lecture de cette œuvre, vos études vous apporteront des résultats satisfaisants dans quatre domaines: la langue française, la littérature française, le récit de l'aventure de l'auteur et votre expérience personnelle de l'histoire.

Regardons un peu ces quatre domaines.

Pour le premier domaine, voici un livre écrit en langue française. Grâce à ce livre et en faisant les exercices présentés ici, en discutant avec vos camarades de classe et en développant vos idées par écrit, vous allez prendre plaisir à vous perfectionner en français.

Voici quelques conseils pratiques. N'allez pas trop vite. Prenez votre temps pour bien comprendre l'histoire, pour analyser les idées de l'auteur et pour bien réfléchir avant de répondre aux questions posées dans chaque leçon. Ainsi, vous allez enrichir votre connaissance de la langue française et vous apprendrez à mieux vous exprimer oralement en classe avec vos camarades. Vous apprendrez aussi à mieux vous exprimer par écrit, soit quand vous répondrez aux questions posées, soit dans les différentes rédactions qu'on vous proposera.

Vous ferez aussi une révision grammaticale de verbes en vous appuyant sur des éléments que vous trouverez dans chaque chapitre.

Le deuxième domaine est celui de la littérature française. Né en 1900, Antoine de Saint-Exupéry a produit son œuvre littéraire dans les années trente et quarante. Il partageait avec André Malraux et Henry de Montherlant, deux autres grands écrivains français de l'époque, une foi dans la grandeur humaine. Son esprit optimiste et humaniste ne s'est pas éteint avec l'avènement de la seconde guerre mondiale. Pilote d'avion, homme d'action, chargé du transport du courrier en Afrique du Nord et plus tard en Amérique du Sud, capitaine au front pendant la guerre, Saint-Ex, comme l'appelait ses amis, écrivait des expériences vécues. Un de ses derniers récits, *Le Petit Prince,* fut écrit pendant les années 1942–43 et fut publié aux États-Unis en 1943 et quelques ans plus tard en France. En 1944 Saint-Exupéry fut porté disparu au cours d'une mission aérienne en France. On ne retrouva jamais ni corps ni avion.

Dans le troisième domaine, vous participerez à l'aventure de l'auteur. Nous savons que Saint-Exupéry écrivait ses propres expériences. Comme pilote en Afrique du Nord, il volait au-dessus du désert. Son avion s'écrasa vraiment dans le désert du Sahara. Nous avons un récit passionnant de cette expérience dans son livre *Terre des Hommes (Wind, Sand and Stars)*. Après avoir erré plusieurs jours, près de la mort, il fut sauvé comme par miracle par des nomades du désert.

Tout en racontant ses expériences vécues, Saint-Exupéry écrivait aussi sur les individus avec qui il travaillait ou avec qui il prenait contact. Il écrivait sur des hommes courageux morts dans le service, sur d'autres hommes miraculeusement sauvés. Maintenant nous avons le récit d'une nouvelle aventure et d'un nouveau personnage. Maintenant l'auteur nous écrit l'histoire du *Petit Prince.* Qui est-il? Il ne ressemble pas aux autres personnes que l'auteur a décrites. Est-il un des êtres humains rencontrés pendant ses expériences de pilote? Apparu dans le désert loin de toute habitation, pas du tout surpris d'y être, en pleine santé, il nous semble tellement différent des autres. À nous de réfléchir sur l'identité de ce petit personnage!

Et voilà où commence le quatrième domaine, celui de votre expérience personnelle de l'histoire. Vous partez dans une enquête à la découverte de vous-même. Vous trouverez que l'auteur, en traitant d'idées très importantes pour lui, a visé des questions et des philosophies qui nous intéressent également beaucoup. Au cours de notre lecture, nous réfléchirons sur nous-mêmes et sur le monde dans lequel nous vivons. Le petit prince cherche un ami, il cherche l'amour. Ne cherchons-nous pas des amis, ne cherchons-nous pas l'amour? Savons-nous quelles sont nos responsabilités envers ceux que nous aimons? Pouvons-nous rester seuls parmi les hommes? Le petit prince s'occupe soigneusement de la «toilette» de sa planète. Ne nous inquiétons-nous pas du bien-être de notre planète Terre? Le petit prince ne pense pas avoir beaucoup de temps. Ne sommes-nous pas bousculés par la vitesse de notre mode de vie?

Le petit prince et Saint-Exupéry ont beaucoup appris ensemble, sur l'amitié et sur la façon de vivre dans le monde. Et vous? Il est bien possible que vous finissiez par les aimer tous les deux, par trouver en eux des amis. Il est bien possible que vous finissiez par éclaircir et formuler votre propre philosophie de la vie. En découvrant le petit prince l'auteur semble se découvrir lui-même. Ce livre est un moyen pour vous aussi de mieux vous connaître.

Puis posez-vous ces dernières questions alors que vous lisez et discutez l'histoire

du *Petit Prince.* Cette histoire n'est-elle que fiction ou contient-elle quelque chose de réel? Qui est le petit prince? Pourquoi l'auteur, Antoine de Saint-Exupéry, a-t-il voulu raconter cette histoire? En ce qui concerne cette dernière question, soyez sûr(e) qu'il l'a écrite pour vous personnellement.

A la Découverte du
Petit Prince

Nom _____ Date _____

Enrichissez votre vocabulaire...

la Forêt Vierge	the Virgin Forest	*un peintre*	a painter
avaler	to swallow	*j'ai dû*	I had to
un fauve	a wild beast	*un métier*	a trade
la proie	the prey	*voler*	to fly
mâcher	to chew	*un coup d'œil*	a glance
bouger	to move, budge, stir	*s'égarer*	to get lost, wander away
un dessin	a drawing	*un tas*	a pile, a lot
un chef-d'œuvre	a masterpiece	*améliorer*	to improve, get better
afin que	so that	*une étoile*	a star
conseiller	to advise	*se mettre à la portée de*	to come down to the level of
le calcul	(the) arithmetic		

A découvrir...

Répondez par écrit à ces questions. Après, discutez-les avec toute la classe.

1. Quels étaient le premier dessin et le deuxième dessin de Saint-Exupéry?

   _____

   _____

   _____

   _____

Nom _____ Date _____

2. Pourquoi avait-il fait ce deuxième dessin?

_____

_____

3. Pourquoi l'auteur n'a-t-il pas pu embrasser la carrière de peintre?

_____

_____

_____

_____

4. Qu'est-ce qui empêche les adultes d'apprécier la façon de penser d'un enfant?

_____

_____

_____

_____

5. De quelle façon les enfants commencent-ils à penser comme des grands?

_____

_____

_____

_____

Nom _____ Date _____

6. Donnez un exemple où vous pensez comme un enfant. Comme un grand.

_____

_____

_____

_____

7. Indiquez une citation qui vous semble importante, intéressante, touchante ou amusante.

_____

_____

_____

Contrôle grammatical

Le Passé composé et l'imparfait

1. Quels sont les deux éléments qui composent le passé composé?

_____

2. Quel est le verbe auxiliaire utilisé et quelles sont les règles pour l'accord du participe passé avec

   a. les verbes transitifs

   _____

   _____

   _____

Nom _____ Date _____

b. les verbes intransitifs

_____

_____

c. les verbes réfléchis

_____

_____

3. Comment l'imparfait est-il formé?

_____

_____

_____

4. Révisez les règles pour l'usage du passé composé et de l'imparfait. Écrivez-les ici.

Le Passé composé   **L'Imparfait**

_____   _____

_____   _____

_____   _____

_____   _____

_____   _____

Nom _____   Date _____

5. Trouvez dans le texte en indiquant à quel usage il se conforme

    a. deux verbes au passé composé

    _____

    _____

    b. deux verbes à l'imparfait

    _____

    _____

Nom _____ Date _____

Enrichissez votre vocabulaire...

une panne	a breakdown	*la faute*	the fault
à peine	hardly, scarcely	*sauf*	except
un(e) naufragé(e)	a shipwrecked person	*égaré(e)*	lost
s'endormir	to fall asleep	*doucement*	softly, gently
un radeau	a raft	*oser*	to dare
le lever du jour	(the) daybreak	*encombrant(e)*	encumbering
un mouton	a sheep	*un bélier*	a ram
sauter	to jump	*une corne*	a horn
la foudre	the lightning	*griffonner*	to scrawl, scribble
frotter	to rub	*une caisse*	a box, packing case
un bonhomme	a fellow	*dedans*	inside
ravissant(e)	delightful, entrancing	*pencher*	to lean, bend
l'étonnement (m)	the astonishment		

A découvrir...

Répondez par écrit à ces questions. Après, discutez-les avec toute la classe.

1. Où se trouve Saint-Exupéry? Dans quelles conditions?

    _____

    _____

    _____

Nom _____   Date _____

2. Saint-Exupéry est étonné par la présence d'un petit bonhomme à mille milles de toute région habitée. Qu'est-ce qu'il y a d'étrange dans son comportement?

_____

_____

3. Qu'est-ce que ce petit bonhomme tout à fait extraordinaire lui demande?

_____

4. Saint-Exupéry ne peut pas répondre facilement aux désirs du petit prince. Expliquez pourquoi.

_____

_____

5. Quel est le premier dessin que fait Saint-Exupéry?

_____

_____

_____

_____

6. Saint-Exupéry dessine trois moutons qui ne plaisent pas au petit prince. Quelle solution trouve-t-il finalement?

_____

_____

Nom _____ Date _____

7. Trouvez deux exemples où le petit bonhomme montre qu'il a la mentalité d'un enfant.

_____

_____

_____

_____

8. Trouvez un exemple où Saint-Exupéry montre qu'il n'a pas perdu son âme d'enfant, c'est-à-dire une certaine approche des choses par les enfants.

_____

_____

_____

_____

9. De qui donc Saint-Exupéry a-t-il fait la connaissance?

_____

10. Quelles seraient vos réactions si vous vous trouviez seul(e) dans le désert dans les mêmes conditions que Saint-Exupéry? Est-ce que les réactions de Saint-Exupéry ou du petit prince vous semblent normales?

_____

_____

_____

_____

Nom _____ Date _____

11. Indiquez une citation qui vous semble importante, intéressante, touchante ou amusante.

_____

_____

Contrôle grammatical

Le Passé simple

1. Écrivez ici les formes régulières du passé simple des verbes *répéter, finir* et *rendre*.

_____   _____   _____

_____   _____   _____

_____   _____   _____

_____   _____   _____

_____   _____   _____

_____   _____   _____

2. Notez ici les formes irrégulières du passé simple des verbes *avoir, être* et *faire*.

_____   _____   _____

_____   _____   _____

_____   _____   _____

_____   _____   _____

_____   _____   _____

Nom _____   Date _____

3. Trouvez dans le texte

    a. un verbe au passé simple de chacune des trois catégories des verbes réguliers (*-er, -ir, -re*)

    _____   _____   _____

    b. une forme de chacun des verbes irréguliers *faire* et *être*

    _____   _____

Résumé

Résumez, dans vos propres paroles, l'essentiel de ce qui s'est passé dans ce chapitre. Écrivez une douzaine de lignes. Discutez vos idées en classe avant de commencer. Notez-les ici.

_____

_____

_____

_____

_____

_____

_____

_____

_____

_____

Nom _____ Date _____

Enrichissez votre vocabulaire...

voler	to fly	*hocher*	to shake, nod
fier, fière	proud	*là-dessus*	on that
un éclat de rire	a burst of laughter	*s'enfoncer*	to sink, plunge
prendre au sérieux	to take seriously	*se plonger*	to immerse oneself
un malheur	a misfortune	*un trésor*	a treasure
ajouter	to add	*en savoir plus long*	to know more about
entrevoir	to glimpse	*un piquet*	a stake
aussitôt	at once, immediately	*choquer*	to shock
une lueur	a glimmer, gleam		

À découvrir...

Répondez par écrit à ces questions. Après, discutez-les avec toute la classe.

1. Pourquoi a-t-il fallu longtemps à Saint-Exupéry pour comprendre d'où venait le petit prince?

    _____

    _____

2. Le petit prince demande si l'auteur est tombé du ciel. Saint-Exupéry dit qu'il répond «oui...modestement». Est-il vraiment modeste? Trouvez un autre adjectif dans ce passage qui reflète mieux ses sentiments en tant que pilote d'avion.

    _____

Nom _____ Date _____

3. Que veut dire Saint-Exupéry quand il dit qu'il est *tombé* du ciel?

_____

4. Tombé du ciel avec son avion, que comprend le petit prince?

_____

5. Avez-vous une idée d'où vient le petit prince? Imaginez une possibilité.

_____

_____

6. Lequel des deux personnages s'intéresse le plus à l'autre? Trouvez-vous normale cette relation entre un adulte et un enfant? Expliquez.

_____

_____

_____

_____

7. D'après vous, pourquoi le petit prince pourrait-il ressentir de la mélancolie?

_____

_____

Nom _____ Date _____

8. Notez au moins trois sentiments que vous ressentez personnellement après avoir lu le passage sur les rêveries et sur la mélancolie du petit prince.

_____

_____

_____

_____

_____

9. Indiquez une citation qui vous semble importante, intéressante, touchante ou amusante.

_____

_____

_____

Contrôle grammatical

Le Subjonctif

A. Le subjonctif est le mode de l'incertitude et de l'émotion.

B. Les verbes au subjonctif sont en général utilisés dans une proposition subordonnée et liés à la proposition principale par le mot *que*.

C. Pour pouvoir utiliser le subjonctif, le sujet de la proposition subordonnée doit être différent du sujet de la proposition principale.

1. Comment le présent du subjonctif est-il formé?

_____

_____

Nom _____ Date _____

2. Notez ici les catégories de verbes ou expressions dans une proposition principale qui exigera l'usage du subjonctif dans la proposition subordonnée (but, vouloir, etc.).

_____ _____

_____ _____

_____ _____

_____ _____

3. Trouvez dans le texte deux verbes au subjonctif. (Les deux sont irréguliers.) Pourquoi sont-ils utilisés?

_____

_____

Résumé

Écrivez un résumé de dix à quatorze phrases sur ce qui s'est passé dans ce chapitre. Discutez vos idées en classe avant de commencer. Notez-les ici.

_____

_____

_____

_____

_____

_____

_____

Nom _____ Date _____

_____

_____

_____

_____

_____

Nom _____ Date _____

Enrichissez votre vocabulaire...

étonner	to astonish, surprise	*convaincu(e)*	convinced
en dehors de	outside of	*en vouloir à*	to hold a grudge against
auxquelles	to whom, to which	*se moquer de*	not to care
turc, turque	Turkish	*une conte de fées*	a fairy tale
la peine de mort	the death penalty	*il était une fois*	once upon a time
un avis	an opinion	*à la légère*	lightly
le chiffre	the figure (number)	*je puis*	var. *je peux,* I can
un papillon	a butterfly	*se tromper*	to be mistaken
peser	to weigh	*la taille*	the size
une colombe	a dove	*tâtonner*	to grope
le toit	the roof	*dû*	past part. *devoir,* must
s'écrier	to exclaim	*j'ai dû*	I must have
hausser les épaules	to shrug one's shoulders	*vieillir*	to grow old
traiter de	to call (a name)		

À découvrir...

Répondez par écrit à ces questions. Après, discutez-les avec toute la classe.

1. Qui était la seule personne à avoir aperçu la petite planète du petit prince?

    _____

Nom _____   Date _____

2. Personne n'a accepté la valeur de la démonstration de sa découverte de l'astéroïde B 612. Comment le turc a-t-il pu finalement convaincre tout le monde de sa découverte?

_____

_____

3. Quelle leçon pouvons-nous tirer de l'histoire de l'astronome turc? Donnez un exemple dans le monde d'aujourd'hui qui peut illustrer cette leçon.

_____

_____

_____

4. Que les grandes personnes parlent des astéroïdes, des amis ou des maisons, qu'est-ce qu'elles aiment utiliser pour les décrire?

_____

5. L'auteur aime mieux décrire le petit prince en disant «qu'il était ravissant, qu'il riait, et qu'il voulait un mouton». Essayez de penser comme Saint-Exupéry et, avec trois pensées, décrivez un(e) ami(e) à vous en insistant sur ses qualités d'une façon poétique.

_____

_____

6. Quel nouveau fait apprenons-nous du petit prince quand nous lisons les premières lignes d'ouverture que Saint-Exupéry aurait préférées?

_____

Nom _____ Date _____

7. Pourquoi Saint-Ex a-t-il du mal à raconter ses souvenirs?

    _____

8. Pourquoi insiste-t-il quand même pour les raconter?

    _____

    _____

9. Donnez un exemple personnel d'un souvenir triste que l'on ne veut pas oublier. Pourquoi ne voulons-nous pas toujours oublier certains souvenirs pénibles?

    _____

    _____

    _____

10. Saint-Exupéry dit qu'il est peut-être un peu comme les grandes personnes. Et nous? Que pensez-vous? Donnez un exemple. Quels sentiments éprouvez-vous en pensant que vous ressemblez aux grandes personnes?

    _____

    _____

    _____

    _____

    _____

Nom _____ Date _____

11. Indiquez une citation qui vous semble importante, intéressante, touchante ou amusante.

_____

_____

_____

Contrôle grammatical

Le Futur

1. Comment formez-vous le futur? Notez ici les terminaisons des verbes au futur.

_____

_____

_____

2. Donnez le radical irrégulier pour chacun des verbes suivants: *aller, avoir, être, faire, pouvoir, savoir, venir, vouloir, voir* et *falloir.* (Notez que, comme le radical régulier de l'infinitif, ces radicaux irréguliers se terminent aussi avec un *r.*)

_____ _____ _____ _____

_____ _____ _____ _____

_____ _____ _____ _____

_____ _____ _____ _____

_____ _____ _____ _____

Nom _____ Date _____

3. Trouvez dans le texte

    a. trois verbes réguliers au futur

    _____   _____   _____

    b. deux verbes irréguliers au futur

    _____   _____

Nom _____ Date _____

Enrichissez votre vocabulaire...

grâce à	thanks to	*arracher*	to uproot, pull up
un doute	a doubt	*aussitôt*	at once, immediately
un arbuste	a bush, shrub	*se débarrasser de*	to get rid of
ajouter	to add	*encombrer*	to encumber, overcrowd
venir à bout	to get the better of	*éclater*	to burst
la sagesse	the wisdom	*soigneusement*	carefully
s'agir de	to be a question of	*s'astreindre*	to force oneself
une mauvaise herbe	a weed	*ne...guère*	hardly, not much
s'étirer	to stretch (oneself)	*avertir*	to warn
pousser	to push, grow	*frôler*	to graze, brush against
une brindille	a sprig		

A découvrir...

Répondez par écrit à ces questions. Après, discutez-les avec toute la classe.

1. Quelle plante menace l'existence de la planète du petit prince?

    _____

2. Pourquoi le petit prince voulait-il un mouton?

    _____

Nom _____ Date _____

3. Le mouton représente une solution simple au problème des baobabs. Mais il y a certaines qualités personnelles de l'individu qui servent à résoudre des problèmes difficiles. Quelle qualité est mentionnée par le petit prince?

_____

_____

_____

4. Donnez encore deux qualités personnelles qui vous semblent importantes pour résoudre des problèmes.

_____

_____

5. Indiquez une citation qui vous semble importante, intéressante, touchante ou amusante.

_____

_____

_____

Nom _____ Date _____

Contrôle grammatical

Le Passé simple, le subjonctif (révision)

Trouvez dans le texte

a. quatre verbes irréguliers au passé simple en indiquant l'infinitif de chacun

_____   _____

_____   _____

_____   _____

_____   _____

b. un verbe au subjonctif utilisé après une expression de volonté ou de désir

_____

_____

_____

_____

Rédaction

Saint-Exupéry veut nous avertir des dangers qui menacent la vie. Choisissez un danger qui menace notre vie sur notre planète. Trouvez des parallèles entre ce que Saint-Exupéry raconte sur la planète du petit prince et ce qui existe sur la planète Terre. Considérez ce que peut représenter, entre autres, les bonnes graines et les mauvaises graines, les bonnes herbes et les mauvaises herbes, les baobabs, le sol infesté de la planète, sa menace globale, notre rôle dans la «toilette» de la planète (ce qui nous amènera à trouver une solution) et l'urgence de nous en occuper.

Écrivez une rédaction de cinq paragraphes de cinq à huit phrases chacun. Le premier paragraphe servira comme introduction au sujet et aux idées que vous voulez traiter. Continuez avec trois paragraphes pour développer votre thème. Soutenez votre point de vue avec ce que vous avez lu dans le texte et votre interprétation la-dessus. Votre rédaction doit comporter aussi, bien sûr, vos idées et vos réflexions personnelles. Utilisez le cinquième paragraphe pour donner la conclusion

Nom _____ Date _____

que vous tirez de vos observations. Évitez de longues citations du texte; il est mieux de les exprimer dans vos propres mots. Un bon titre original, qui reflète le contenu de votre composition, est indispensable.

Discutez vos idées en classe avant de commencer. Notez-les ici.

_____

_____

_____

_____

_____

_____

_____

_____

_____

_____

_____

_____

Nom _____   Date _____

Enrichissez votre vocabulaire...

Chapitre 6

la douceur	the sweetness	*éloigné(e)*	far away
un coucher de soleil	a sunset	*le crépuscule*	(the) twilight
assister (à)	to be present (at)		

Chapitre 7

grâce à	thanks to	*mélanger*	to mix
une épine	a thorn	*un outil*	a tool
dévisser	to unscrew	*secouer*	to shake
un boulon	a bolt	*cramoisi(e)*	crimson
soucieux (-se)	concerned, anxious	*gonfler*	to swell
épuiser	to exhaust	*l'orgueil* (m)	(the) pride
la méchanceté	(the) spite	*anéantir*	to destroy
la rancune	(the) resentfulness	*s'éteindre*	to go out, be extinguished
un marteau	a hammer	*éclater*	to burst
déranger	to disturb	*un sanglot*	a sob
le cambouis	(the) engine grease	*lâcher*	to let go of, drop
pencher	to bend	*se moquer*	not to care
la honte	(the) shame		

Nom _____ Date _____

A découvrir...

Répondez par écrit à ces questions. Après, discutez-les avec toute la classe.

Chapitre 6

1. Quelle était la seule distraction du petit prince sur sa planète?

   _____

   _____

2. Sur la Terre, quand il est midi aux États-Unis, le soleil se couche sur la France. Comme la planète du petit prince était bien plus petite que la Terre, il pouvait voir un coucher de soleil plusieurs fois par jour, chaque fois qu'il le désirait. Comment pouvait-il faire ceci?

   _____

   _____

3. Selon le petit prince, quand on est triste, on aime les couchers de soleil. Il a même, lui, regardé quarante-quatre couchers de soleil en un seul jour. Donnez une ou deux possibilités qui pourraient expliquer pourquoi il était tellement triste.

   _____

   _____

   _____

   _____

4. Est-ce que vous aimeriez regarder un coucher de soleil si vous étiez triste? Expliquez pourquoi.

   _____

   _____

Nom _____ Date _____

Chapitre 7

5. Grâce à Saint-Exupéry, le petit prince a un mouton pour manger les arbustes. De quoi s'inquiète-t-il maintenant?

   _____

6. D'abord, Saint-Exupéry ne s'intéresse pas aux inquiétudes du petit prince. Quels autres problèmes préoccupent l'auteur?

   _____

7. Lequel des deux, Saint-Exupéry ou le petit prince, avait des soucis d'adulte? A-t-il changé d'avis? Expliquez.

   _____

   _____

   _____

8. Pourquoi les fleurs auraient-elles des épines?

   _____

   _____

   _____

   _____

Nom _____ Date _____

9. Est-ce que nous avons des «épines», nous aussi? Expliquez.

_____

_____

_____

10. Pourquoi les «épines» ne servent-elles vraiment à rien?

_____

_____

_____

11. La fleur est très importante pour le petit prince. De quelle chose, idée ou qualité la fleur pourrait-elle être le symbole?

_____

_____

12. Saint-Exupéry essayait de consoler le petit prince. Pourquoi est-ce qu'il se sentait très maladroit?

_____

_____

_____

Nom _____ Date _____

13. Indiquez une citation qui vous semble importante, intéressante, touchante ou amusante.

_____

_____

_____

Contrôle grammatical

L'Imparfait (révision)

1. Comment forme-t-on les verbes à l'imparfait?

_____

_____

_____

2. Écrivez ici les usages de l'imparfait.

_____

_____

_____

3. Trouvez dans le texte un verbe à l'imparfait pour trois de ces usages. Indiquez à quel usage chacun se conforme.

_____

_____

_____

Nom _____ Date _____

Enrichissez votre vocabulaire...

orné(e)	adorned	*ombrageux (-se)*	touchy, oversensitive
un rang	a row	*une épine*	a thorn
déranger	to disturb	*une griffe*	a claw
germer	to sprout	*un paravent*	a folding screen
une brindille	a sprout	*un mensonge*	a lie
croître	to grow	*tousser*	to cough
un bouton	a bud	*infliger*	to inflict
le soin	(the) care	*le remords*	(the) remorse
à l'abri de	in the shelter of	*mettre dans son tort*	to put (someone) in the wrong
fripé(e)	rumpled	*malgré*	despite
un coquelicot	a (red, European) poppy	*la bonne volonté*	(the) goodwill
le rayonnement	(the) radiance	*j'aurais dû*	I should have
la toilette	the process of getting dressed	*embaumer*	to perfume
le lever du soleil	(the) sunrise	*se réjouir*	to be delighted
bâiller	to yawn	*agacer*	to irritate
décoiffer	to muss one's hair	*s'enfuir*	to run away
un arrosoir	a watering can		

Nom _____ Date _____

A découvrir...

Répondez par écrit à ces questions. Après, discutez-les avec toute la classe.

1. Décrivez les fleurs très simples qui ont toujours été sur la planète du petit prince.

    _____

    _____

2. En quoi les caractéristiques de la nouvelle fleur étaient-elles différentes de celles des fleurs originelles?

    _____

    _____

    _____

3. Résumez en quelques mots la préparation de la fleur avant de sortir de sa «chambre verte».

    _____

    _____

4. En quoi la fleur était-elle exigeante? Donnez quelques exemples.

    _____

    _____

    _____

    _____

Nom _____ Date _____

5. Notez au moins trois caractéristiques plutôt négatives de la fleur.

   _____

6. Notez au moins deux caractéristiques positives dans la personnalité de la fleur.

   _____

   _____

   _____

7. Selon la fleur, à quoi servaient ses épines? Que pensez-vous de son raisonnement?

   _____

   _____

8. Quelle est, maintenant, votre nouvelle idée de ce que représente la fleur?

   _____

9. Le petit prince allait quitter la fleur parce qu'il avait pris au sérieux des mots sans
   importance. Selon le petit prince, qu'aurait-il dû faire pour mieux comprendre la fleur?

   _____

   _____

Nom _____ Date _____

10. Donnez un exemple personnel où quelqu'un peut dire quelque chose (et peut-être quelque chose de désagréable) qui cache un autre message qui n'est pas exprimé mais qui est plus vrai. (On peut dire, par exemple, «Tu ne m'écoutes pas!» Le message caché est «Il m'est important que tu m'écoutes.»)

_____

_____

_____

_____

11. D'après vous, est-ce que le petit prince a eu raison de quitter sa planète et sa fleur? Expliquez pourquoi.

_____

_____

_____

12. Indiquez une citation qui vous semble importante, intéressante, touchante ou amusante.

_____

_____

_____

Nom _____ Date _____

Contrôle grammatical

Le Participe présent, le plus-que-parfait

Le Participe présent

A. Le participe présent du verbe français est l'équivalent des verbes qui se terminent en *-ing* en anglais. Prenez le radical du présent de l'indicatif, à la première personne du pluriel (*nous*). Ajoutez la terminaison *-ant*.

nous donnons	→	donnant
nous finissons	→	finissant
nous buvons	→	buvant

B. Le participe présent est utilisé comme

1. nom: un(e) *croyant(e)*, un(e) *passant(e)*

2. adjectif: un livre *amusant*, une histoire *amusante* (Notez l'accord.)

3. forme verbale: Elle est tombée en *traversant* la rue. (Ici il n'y a pas d'accord.)

C. Notez les participes présents irréguliers de ces trois verbes:

avoir → ayant   être → étant   savoir → sachant

1. Trouvez deux participes présents dans le texte et écrivez-les ici.

_____   _____

Le Plus-que-parfait

D. Le plus-que-parfait est formé de l'imparfait de l'auxiliaire (*avoir* ou *être*) plus le participe passé. Le plus-que-parfait exprime une action qui s'est passé avant une autre action dans le passé: Vous *aviez terminé* votre travail quand nous sommes arrivés.

E. Les verbes auxiliaires et l'accord du participe passé suivent les mêmes règles que pour le passé composé. (Voir vos réponses pour le **Contrôle grammatical** du chapitre 1.)

2. Trouvez dans le texte quatre verbes au plus-que-parfait et écrivez-les ici.

_____   _____

_____   _____

Nom _____ Date _____

Commentaire

Relisez la question numéro 9 et votre réponse. Relisez aussi les trois derniers paragraphes du chapitre. Dans une douzaine de lignes, discutez comment nous pourrions personnellement changer nos façons de penser pour mieux comprendre et apprécier la vraie valeur d'autrui.

Donnez plusieurs exemples pour illustrer vos idées. N'oubliez pas de bonnes phrases d'introduction et de conclusion. Un titre original, qui reflète le contenu de votre commentaire, est indispensable.

Discutez vos idées en classe avant d'écrire votre rédaction. Notez-les ici.

_____

_____

_____

_____

_____

_____

_____

_____

_____

_____

_____

_____

_____

Nom _____ Date _____

Enrichissez votre vocabulaire...

une évasion	an escape	*un rhume*	a cold
ramoner	to sweep (a chimney)	*sot(te)*	silly, foolish
soigneusement	carefully	*tâcher*	to try
commode	convenient	*la faute*	the fault
chauffer	to heat, warm up	*aucun(e)*	no, not any
éteint(e)	extinct	*être enrhumé(e)*	to have a cold
brûler	to burn	*une bête*	an animal
des ennuis (m)	troubles, worries	*une chenille*	a caterpillar
évidemment	obviously	*supporter*	to tolerate, stand
arracher	to uproot, pull up	*un papillon*	a butterfly
une pousse	a shoot, sprout	*craindre*	to fear
doux (-ce)	sweet	*traîner*	to drag, straggle
arroser	to sprinkle, water	*agaçant(e)*	annoying
à l'abri de	in the shelter of	*orgueilleux (-se)*	proud
tousser	to cough		

A découvrir...

Répondez par écrit à ces questions. Après, discutez-les avec toute la classe.

1. Qu'est-ce que le petit prince a fait pour mettre sa planète en ordre?

   _____

   _____

Nom _____ Date _____

2. Relisez les deux premiers paragraphes. Quelles expressions ou phrases nous font comprendre que le petit prince est triste de quitter sa planète?

_____

_____

_____

_____

3. Le petit prince avait envie de pleurer. Expliquez pourquoi. Et la fleur, pourquoi est-ce qu'elle pleurait? Quels sont ses vrais sentiments envers le petit prince?

_____

_____

_____

_____

_____

4. Si la fleur ne tousse pas à cause de son rhume, pourquoi est-ce qu'elle le fait?

_____

_____

_____

Nom _____ Date _____

5. La fleur dit que le petit prince a été aussi sot qu'elle. Pourquoi? (Révisez le dernier paragraphe du chapitre 8.)

_____

_____

_____

6. Notez au moins cinq changements dans le comportement de la fleur quand elle comprend que le petit prince va partir. Comment réagit-elle?

_____

_____

_____

_____

7. Si le petit prince s'occupe de ses volcans, il n'y a pas de problème. Saint-Exupéry dit que nous ne pouvons pas nous occuper de nos volcans à nous parce que nous sommes trop petits pour le faire. Qu'est-ce que les volcans peuvent représenter pour nous? Notez au moins quatre possibilités.

_____

_____

8. De quelle façon autre que physique peut-on être petit? Donnez deux exemples.

_____

_____

Nom _____   Date _____

9. La fleur ne veut pas que le petit prince la mette à l'abri sous son globe. Elle dit que, pour connaître les papillons, il faut bien supporter deux ou trois chenilles. Dans vos propres mots, exprimez plus clairement cette philosophie.

_____

_____

_____

10. Donnez un exemple de cette philosophie dans votre vie personnelle.

_____

_____

_____

11. À votre avis, pourquoi est-ce que le petit prince est parti? Donnez trois possibilités.

_____

_____

_____

12. Indiquez une citation qui vous semble importante, intéressante, amusante ou touchante.

_____

_____

_____

Nom _____ Date _____

Contrôle grammatical
L'Impératif

1. En donnant un exemple de chacun, montrez comment sont formés les verbes à l'impératif pour les trois catégories de verbes réguliers (*-er, -ir, -re*).

   _____ _____ _____ _____ _____

   _____ _____ _____ _____ _____

   _____ _____ _____ _____ _____

2. Quelle, donc, est la seule forme qui ne se conforme pas aux formes du présent de l'indicatif?

   _____

3. Dans quelle circonstance devons-nous rajouter cet *s* de la deuxième personne du singulier des verbes qui se terminent en *-er*?

   _____

   _____

4. Où met-on les objets pronominaux en relation avec le verbe dans un ordre affirmatif? Dans un ordre négatif? Donnez des exemples.

   _____

   _____

   _____

Nom _____ Date _____

5. Trouvez dans le texte quatre verbes à l'impératif.

_____ _____

_____ _____

Nom _____   Date _____

Enrichissez votre vocabulaire...

s'instruire	to improve one's mind	*tel(le)*	such (a)
siéger	to be seated	*émerveiller*	to astonish, amaze
l'hermine (f)	(the) ermine	*détenir*	to hold
encombré(e)	encumbered, crowded	*s'enhardir*	to become bold
interdire	to forbid	*une grâce*	a favor
ne pas pouvoir s'empêcher de	not to be able to help	*être dans son tort*	to be in the wrong
rougir	to blush	*exiger*	to demand, require
tantôt...tantôt	sometimes...sometimes	*un royaume*	a realm
bredouiller	to stammer	*un carrosse*	a carriage, coach
tenir à	to insist upon	*jeter un coup d'œil*	to glance
couramment	fluently, readily	*gracier*	to pardon
ramener	to draw up	*achever*	to complete
un pan	a flap, section, side (of a garment)	*peiner*	to pain, grieve
se hâter	to hasten	*un soupir*	a sigh
aussitôt	immediately	*se dire en lui-même*	to say to oneself

À découvrir...

Répondez par écrit à ces questions. Après, discutez-les avec toute la classe.

1.   Pourquoi le petit prince va-t-il visiter les astéroïdes?

_____

Nom _____   Date _____

2. Qui habitait dans le premier astéroïde que le petit prince avait visité? Décrivez-le ainsi que la planète qu'il habitait.

    _____

    _____

    _____

3. Pourquoi le roi était-il si content de voir le petit prince?

    _____

4. Quels sont les grands désavantages de ne voir les hommes que comme des sujets?

    _____

    _____

    _____

    _____

5. Si le petit prince détenait le pouvoir du roi, qu'est-ce qu'il commanderait?

    _____

    _____

Nom _____ Date _____

6. Malgré l'opinion du roi, quelques-uns de ses ordres n'étaient pas raisonnables. Lesquels?
   Donnez au moins trois exemples.

   _____

   _____

   _____

7. Par contre, le roi montre parfois de la sagesse dans ce qu'il dit. Trouvez trois exemples.

   _____

   _____

   _____

8. Choisissez une de ces idées dans votre réponse à la question numéro 7 et donnez une
   situation où l'on pourrait l'appliquer dans le monde d'aujourd'hui.

   _____

   _____

   _____

9. Est-ce que le petit prince obéissait aux ordres du roi? Expliquez.

   _____

   _____

   _____

Nom _____ Date _____

10. Le petit prince voulait partir, mais il ne voulait pas peiner le roi. Qu'est-ce que le petit prince lui proposait? Est-ce que le roi pouvait apprécier son raisonnement? Pourquoi?

_____

_____

_____

11. Le roi pense que c'est lui qui dirige tout ce qui se passe dans le monde et même dans l'univers. Sommes-nous peut-être comme cela? Avons-nous raison? Commentez.

_____

_____

_____

12. Indiquez une citation qui vous semble importante, intéressante, touchante ou amusante.

_____

_____

_____

Contrôle grammatical

Le Futur (révision)

1. Révisez le futur dans le **Contrôle grammatical** du chapitre 4.

Nom _____ Date _____

2. Trouvez dans le texte

   a. quatre verbes réguliers au futur

   _____   _____

   _____   _____

   b. cinq verbes irréguliers au futur

   _____   _____

   _____   _____

   _____

Nom _____ Date _____

Enrichissez votre vocabulaire...

Chapitre 11

un vaniteux, une vaniteuse	a vain, conceited person	*frapper*	to clap
s'écrier	to exclaim	*conseiller*	to advise
dès que	as soon as	*soulever*	to raise
un chapeau	a hat	*la louange*	(the) praise
saluer	to bow	*hausser les épaules*	to shrug one's shoulders

Chapitre 12

suivant(e)	following, next	*avoir honte*	to feel ashamed
plonger	to plunge	*avouer*	to confess
un buveur, une buveuse	a drinker	*baisser*	to lower
s'enquérir	to inquire	*secourir*	to help
plaindre	to pity	*achever*	to complete, finish
la honte	(the) shame	*s'enfermer*	to shut oneself in

Nom _____ Date _____

A découvrir...

Répondez par écrit à ces questions. Après, discutez-les avec toute la classe.

Chapitre 11

1. En quoi consiste la vie du vaniteux?

   _____

   _____

2. Notez que le roi (du chapitre précédent) et le vaniteux cherchent leur validation chez les autres, dans le monde extérieur. Le roi veut régner sur les autres; le vaniteux veut être salué par les autres. Est-ce qu'ils comprennent ce que c'est d'être vraiment heureux? D'où vient la vraie source de notre bonheur?

   _____

   _____

   _____

Chapitre 12

3. Quel est le raisonnement du buveur?

   _____

4. À votre avis, ne peut-il pas se sortir de son cercle vicieux?

   _____

   _____

Nom _____ Date _____

5. Donnez un exemple dans le monde d'aujourd'hui où l'on préfère rester dans l'embarras d'un problème que de s'en sortir.

_____

_____

_____

6. Est-il possible de sortir de ces problèmes? Commentez.

_____

_____

_____

7. Indiquez une citation qui vous semble importante, intéressante, touchante ou amusante.

_____

_____

_____

Contrôle grammatical

L'Impératif (révision)

1. Révisez l'impératif dans le **Contrôle grammatical** du chapitre 9.

2. Trouvez dans le texte trois verbes à l'impératif.

_____   _____   _____

Nom _____ Date _____

3. Transformez ces commandes dans les formes correctes pour les première et deuxième personnes du pluriel.

   frappe   fais-moi   admire-moi

   _____   _____   _____

   _____   _____   _____

Nom _____   Date _____

Enrichissez votre vocabulaire...

rallumer	to relight	*rêvasser*	to daydream
la baliverne	(the) nonsense	*un(e) fainéant(e)*	a loafer, do-nothing
déranger	to disturb, bother	*un(e) ivrogne*	a drunkard
un hanneton	a June bug	*cependant*	however, nevertheless
répandre	to spread	*riposter*	to retort
un bruit	a noise	*grincheux (-se)*	grumpy
épouvantable	frightful, terrible	*breveter*	to patent
manquer	to lack	*songer à*	to think of
flâner	to stroll, loaf	*gérer*	to manage
un espoir	a hope	*un foulard*	a scarf
la paix	(the) peace	*le cou*	the neck
une mouche	a fly	*cueillir*	to pick
briller	to shine	*un tiroir*	a drawer
une abeille	a bee	*suffire*	to be enough
doré(e)	gilded	*utile*	useful

À découvrir...

Répondez par écrit à ces questions. Après, discutez-les avec toute la classe.

1.   Que fait le businessman?

_____

Nom _____ Date _____

2. Pourquoi le businessman raisonne-t-il un peu comme l'ivrogne?

_____

_____

3. Trouvez-vous qu'il apprécie la beauté des étoiles? Pourquoi le pensez-vous? N'a-t-il
    peut-être même pas oublié pendant un moment ce qu'il comptait? Expliquez.

_____

_____

_____

4. Donnez un exemple dans notre vie moderne où l'on peut prendre quelque chose tellement
    au sérieux qu'on n'apprécie plus la beauté qui nous entoure.

_____

_____

_____

5. Quelles choses le petit prince possède-t-il?

_____

_____

_____

Nom _____ Date _____

6. Quelles différences y a-t-il entre la façon de posséder du businessman et celle du petit
   prince?

   _____

   _____

   _____

7. Trouvez-vous que le businessman soit vraiment riche? Pourquoi?

   _____

   _____

   _____

8. Quelle serait la notion de richesse selon le petit prince?

   _____

   _____

   _____

9. Quelle serait la notion de richesse selon vous?

   _____

   _____

   _____

10. Indiquez une citation qui vous semble importante, intéressante, touchante ou amusante.

_____

_____

_____

Contrôle grammatical

Le Passé simple, le plus-que-parfait (révision)

Le Passé simple

1. Trouvez dans le texte quatre verbes au passé simple et écrivez-les ici.

_____   _____

_____   _____

Le Plus-que-parfait

2. Écrivez ici les formes à l'imparfait pour les verbes *être* et *avoir*.

_____ _____   _____ _____

_____ _____   _____ _____

_____ _____   _____ _____

3. Le plus-que-parfait est formé par un verbe auxiliaire à l'imparfait et un participe passé (voir le **Contrôle grammatical** du chapitre 8). Trouvez dans le texte trois exemples de ce temps du verbe. Écrivez-les ici.

_____   _____

Nom _____ Date _____

4. Expliquez pourquoi il y a un *e* féminin à la fin du participe passé «posée».

_____

_____

Nom _____   Date _____

Enrichissez votre vocabulaire...

loger	to lodge	*un métier*	a trade, job
un réverbère	a streetlight	*autrefois*	formerly
un allumeur	a lighter	*durer*	to last
parvenir à	to succeed in	*fidèle*	faithful
cependant	yet, nevertheless	*un moyen*	a means, way
naître	to be born	*poursuivre*	to pursue, continue
endormir	to put to sleep	*une enjambée*	a stride
éteindre	to extinguish, put out	*tandis que*	while, whereas
aborder	to board, land	*mépriser*	to scorn
la consigne	(the) (military) orders	*un soupir*	a sigh
rallumer	to light again	*oser*	to dare
s'éponger	to sponge off, mop up	*avouer*	to admit
un mouchoir	a handkerchief	*regretter*	to miss
à carreaux	with squares, checkered	*bénir*	to bless

A découvrir...

Répondez par écrit à ces questions. Après, discutez-les avec toute la classe.

1. Qui habitait la cinquième planète et en quoi consistait le travail de cet habitant?

    _____

    _____

Chapitre 14

Nom _____ Date _____

2. En quoi consistait l'absurdité dans ce que faisait l'allumeur de réverbères?

    _____

    _____

    _____

3. D'après le petit prince, l'occupation de l'allumeur de réverbères était véritablement utile simplement parce qu'elle était jolie. Réfléchissez sur cette idée et trouvez un exemple illustrant une telle occupation dans notre monde d'aujourd'hui.

    _____

    _____

    _____

4. Même si ce qu'il faisait était absurde, le petit prince aimait l'allumeur de réverbères. Donnez d'autres raisons qui indiquent que le travail de l'allumeur de réverbères était moins absurde que les occupations des habitants des autres planètes visitées par le petit prince.

    _____

    _____

    _____

5. Parallèlement à l'exemple de l'allumeur de réverbères, le rythme de la vie moderne a tendance à aller de plus en plus vite, sans faire de bien à personne. Donnez un exemple où le rythme de vie s'est accéléré sans avoir amélioré la qualité de la vie.

    _____

    _____

    _____

Nom _____ Date _____

6. La planète de l'allumeur de réverbères tourne de plus en plus vite, mais la consigne n'a pas changé. Devons-nous prendre la responsabilité de changer les consignes avec les changements du temps? Est-ce difficile? Expliquez en utilisant un exemple de notre vie moderne.

_____

_____

_____

_____

7. Le petit prince propose une solution à l'allumeur de réverbères, mais elle n'est pas bien acceptée. Acceptons-nous facilement ou difficilement les conseils des autres? Expliquez.

_____

_____

_____

8. Pourquoi le petit prince aurait-il pu se faire un ami de l'allumeur de réverbères?

_____

_____

_____

Nom _____ Date _____

9. Pourquoi le petit prince regrettait-il la planète de l'allumeur de réverbères? Est-ce que cela veut dire qu'il était peut-être triste? Expliquez.

_____

_____

_____

_____

Contrôle grammatical

L'Imparfait, le subjonctif (révision); le plus-que-parfait du subjonctif

L'Imparfait

1. Trouvez un passage où l'imparfait est beaucoup utilisé. Expliquez pourquoi.

_____

_____

_____

Le Subjonctif

2. Trouvez un verbe au présent du subjonctif. Pourquoi est-il utilisé?

_____

_____

Nom _____   Date _____

Le Plus-que-parfait du subjonctif

3. Notez l'usage du plus-que-parfait du subjonctif dans la phrase «Celui-là est le seul dont j'*eusse pu* faire mon ami». Le verbe *eusse* est l'imparfait du subjonctif du verbe *avoir*. Il fonctionne ici comme verbe auxiliaire suivi par le participe passé. Pourquoi est-ce que le subjonctif est utilisé ici?

    _____

    _____

Commentaire

Que pensez-vous des réflexions du petit prince sur le travail de l'allumeur de réverbères? Trouvez trois idées. Dites si vous êtes d'accord ou non et soutenez votre point de vue. Écrivez un paragraphe d'une demi-page. N'oubliez pas, bien sûr, de bonnes phrases d'introduction et de conclusion. Un bon titre original, qui reflète le contenu de votre commentaire, est indispensable.

Discutez vos idées en classe avant de commencer. Notez-les ici.

_____

_____

_____

_____

_____

_____

_____

_____

_____

Nom _____   Date _____

Enrichissez votre vocabulaire...

tiens!	well!, hey!	*une découverte*	a discovery
apercevoir	to perceive	*exiger*	to demand, require
souffler	to pant, catch one's breath	*fournir*	to furnish, supply
tant	so much	*une preuve*	(a) proof, evidence
un(e) savant(e)	a scholar	*soudain*	suddenly
un fleuve	a river	*s'émouvoir*	to be excited
jeter un coup d'œil	to glance	*ayant*	pres. part. *avoir,* having
je puis	var. *je peux,* I can	*tailler*	to sharpen (a pencil)
déçu(e)	disappointed	*l'encre* (f)	(the) ink
manquer	to lack, be short of	*se démoder*	to go out of style
flâner	to stroll, loaf	*vider*	to empty
une enquête	an investigation, inquiry	*éveillé(e)*	lively, awake
mentir	to lie	*la disparition*	the disappearance
entraîner	to bring on	*prochain(e)*	next, imminent
un(e) ivrogne	a drunkard	*songer à*	to think of, dream of

Nom _____ Date _____

A découvrir...

Répondez par écrit à ces questions. Après, discutez-les avec toute la classe.

1. Le petit prince remarque que la géographie est un véritable métier. Qui dans l'histoire a déjà parlé de l'utilité de la géographie? Citez le passage du texte.

   _____

   _____

   _____

   _____

2. Est-ce que le géographe connaît sa propre planète? Pourquoi?

   _____

   _____

   _____

3. Quels sont les autres personnages qui sont tellement absorbés dans l'importance imaginée de leur occupation qu'ils ne peuvent pas apprécier la richesse du monde autour d'eux?

   _____

   _____

Nom _____ Date _____

4. Donnez un exemple personnel où nous nous concentrons tellement sur une occupation que nous ne reconnaissons plus les éléments de la vraie richesse de la vie. Incluyez dans votre réponse ces éléments particuliers à votre exemple.

_____

_____

_____

5. Le géographe dit qu'il est trop important pour flâner. Pensez-vous donc que les explorateurs soient des flâneurs? Expliquez. Pourquoi le géographe le penserait-il?

_____

_____

_____

6. Croyez-vous que le géographe a de l'expérience et de l'autorité pour vraiment bien juger la valeur des découvertes des explorateurs? Expliquez. Qui seraient peut-être les meilleurs juges des découvertes des explorateurs?

_____

_____

_____

Nom _____ Date _____

7. Donnez un exemple dans notre monde d'aujourd'hui où nous prêtons attention aux déclarations et aux jugements des personnes qui ne sont peut-être pas les mieux qualifiées pour les faire.

_____

_____

_____

_____

8. Qui aurait la vraie expérience de la vie, un géographe ou un explorateur? Préféreriez-vous mener une vie de géographe ou d'explorateur? Expliquez en tirant une leçon de votre réponse.

_____

_____

_____

_____

_____

_____

_____

Nom _____ Date _____

9. Quel genre de chose est-ce que les géographes ne notent pas? Pourquoi le petit prince s'oppose-t-il à cette idée? Quelle est votre réaction personnelle?

_____

_____

_____

_____

_____

10. Quel sentiment le petit prince éprouve-t-il en apprenant que sa fleur est éphémère et menacée de disparition prochaine? Quels sentiments éprouvez-vous?

_____

_____

_____

11. Quelle planète est-ce que le géographe conseille au petit prince de visiter?

_____

12. Indiquez une citation qui vous semble importante, intéressante, touchante ou amusante.

_____

_____

_____

Nom _____   Date _____

Contrôle grammatical

Le Conditionnel

1. Comment formez-vous le conditionnel? Notez ici les terminaisons des verbes au
    conditionnel.

    _____

    _____

    _____

2. Les radicaux réguliers et irréguliers seront les mêmes que ceux que l'on utilise pour former
    le futur. Consultez vos réponses dans le **Contrôle grammatical** du chapitre 4 et donnez le
    radical irrégulier pour chacun des verbes suivants: *aller, avoir, être, faire, pouvoir, savoir, venir,*
    vouloir, voir et *falloir.* Notez que, comme le radical régulier de l'infinitif, ces radicaux
    irréguliers se terminent aussi avec un *r.*

    _____   _____   _____   _____

    _____   _____   _____   _____

    _____   _____   _____   _____

    _____   _____   _____   _____

3. Trouvez dans le texte

    a. trois verbes réguliers au conditionnel

        _____   _____   _____

    b. un verbe irrégulier au conditionnel

        _____

Nom _____ Date _____

Enrichissez votre vocabulaire...

Chapitre 16

quelconque	ordinary	*s'escamoter*	to vanish, disappear
environ	about	*les coulisses* (f)	the wings (theater)
entretenir	to maintain		

Chapitre 17

faire de l'esprit	to try to be funny	*à tout hasard*	just in case
faux, fausse	false	*puisse*	pres. subj. *pouvoir*, might, be able
se tenir debout	to stand up	*au-dessus*	above
serré(e)	tight, crowded together	*se taire*	to be silent
loger	to lodge, house	*mince*	slim
aisément	easily	*une patte*	an animal's foot, paw
le large	the width	*un navire*	a ship
entasser	to pile up	*enrouler*	to wind, coil
le moindre	the least	*la cheville*	the ankle
un pensum	an extra task	*faible*	weak
un anneau	a ring, band	*regretter*	to miss
remuer	to move, stir	*résoudre*	to resolve

Nom _____ Date _____

A découvrir...

Répondez par écrit à ces questions. Après, discutez-les avec toute la classe.

Chapitre 16

1. Saint-Exupéry nous présente la Terre à l'image d'un grand ballet d'allumeurs de
    réverbères. Qu'est-ce que c'est, cette obscurité qui passe autour du globe et qui nécessite
    que l'on allume?

    _____

    _____

    _____

    _____

    _____

Chapitre 17

2. Pourquoi Saint-Exupéry n'a-t-il pas été très honnête en parlant des allumeurs de
    réverbères?

    _____

3. Saint-Exupéry dit que les grandes personnes se voient importantes comme des baobabs.
    Comment comprenez-vous cela? Quels dangers cela implique-t-il?

    _____

    _____

    _____

    _____

Nom _____ Date _____

4. De qui le petit prince a-t-il fait la connaissance? Sur quel continent et dans quel genre de région?

_____

5. Le petit prince regarde les étoiles du désert et il dit, «Je me demande si les étoiles sont éclairées afin que chacun puisse retrouver la sienne.» Que pourrait être cette «étoile» de chacun de nous?

_____

_____

6. Quelle est la réponse du petit prince quand le serpent lui demande ce qu'il vient faire sur la Terre? À quoi se réfère-t-il?

_____

_____

7. Comment peut-on être «seul…chez les hommes», comme dit le serpent? Donnez un exemple personnel où vous vous sentez seul(e) parmi les gens.

_____

_____

_____

8. Comment le serpent peut-il être plus puissant que le doigt d'un roi? (Quel est le terrible danger de certains serpents?)

_____

Nom _____ Date _____

9. Comment le serpent peut-il rendre les personnes à la terre dont elles sont sorties?
Expliquez donc ce qu'il peut faire si le petit prince regrette trop sa planète.

_____

_____

_____

10. Que peut donc représenter le serpent?

_____

_____

11. Indiquez une citation qui vous semble importante, intéressante, touchante ou amusante.

_____

_____

_____

Contrôle grammatical

Le Conditionnel, l'imparfait, le subjonctif (révision)

1. Comment formez-vous les verbes au conditionnel?

_____

_____

_____

Nom _____ Date _____

2. Comment formez-vous les verbes à l'imparfait?

_____

_____

3. Comment formez-vous les verbes au présent du subjonctif?

_____

_____

4. Trouvez dans le texte

   a. un verbe au conditionnel

   _____

   b. un paragraphe où l'imparfait est beaucoup utilisé. Expliquez son usage ici.

   _____

   _____

   _____

   c. un verbe irrégulier au subjonctif. Pourquoi est-il utilisé?

   _____

   _____

   _____

Nom _____ Date _____

Enrichissez votre vocabulaire...

Chapitre 18

poliment	politely	*une racine*	a root
aperçu	past. part. *apercevoir,* to perceive, see	*gêner*	to inconvenience, hinder
manquer	to lack		

Chapitre 19

haut(e)	high	*aiguisé(e)*	sharp
un genou	a knee	*à tout hasard*	just in case
un tabouret	a stool, footstool	*soyez*	imper. *être,* to be
apercevoir	to perceive, see	*seul(e)*	alone, lonely
d'un coup	all at once	*sec, sèche*	dry
un aiguille	a needle	*salé(e)*	salty

Chapitre 20

ayant	pres. part. *avoir,* to have	*une espèce*	a species, sort, kind
le sable	the sand	*échapper*	to escape
la neige	the snow	*faire semblant*	to pretend
fleuri(e)	in bloom	*soigner*	to nurse, take care of
stupéfait(e)	astonished	*sinon*	if not
raconter	to tell, relate	*laisser*	to leave, let

Nom _____ Date _____

A découvrir...

Répondez par écrit à ces questions. Après, discutez-les avec toute la classe.

Chapitre 18

1. Qui est-ce que le petit prince rencontre et qu'est-ce qu'il lui demande?

    _____

2. Selon la fleur, combien d'hommes y a-t-il au monde?

    _____

3. La fleur dit que les hommes «manquent de racines», ce qui «les gêne beaucoup», et que «le vent les promène». Quelles pourraient être ces racines? Que peut représenter le vent?

    _____

    _____

    _____

    _____

4. Quel est le sentiment provoqué par la description que donne la fleur des hommes? Quel est le sentiment provoqué par l'usage du mot «adieu» plutôt que de l'expression «au revoir»?

    _____

    _____

    _____

    _____

Nom _____ Date _____

Chapitre 19

5. Pourquoi le petit prince a-t-il fait l'ascension d'une haute montagne? A-t-il pu satisfaire son désir?

    _____

    _____

6. Comment le petit prince décrit-il la planète Terre et les hommes qui l'habitent?

    _____

    _____

7. Quel sentiment éprouvez-vous en lisant cette description de la terre des hommes?

    _____

    _____

8. Le petit prince et la fleur du désert raisonnent un peu de la même façon. Expliquez comment. Donnez un exemple où nous portons des jugements sans trop d'expérience personnelle.

    _____

    _____

    _____

    _____

Nom _____ Date _____

Chapitre 20

9. Qui est-ce que le petit prince rencontre maintenant?

    _____

10. Comment sa fleur à lui réagirait-elle si elle savait l'existence de ce jardin?

    _____

    _____

    _____

11. Quels sentiments font pleurer le petit prince? Pensez-vous qu'il ait raison d'être
    malheureux? Expliquez.

    _____

    _____

    _____

    _____

12. Indiquez une citation qui vous semble importante, intéressante, touchante ou amusante.

    _____

    _____

    _____

Nom _____   Date _____

Contrôle grammatical

L'Accord du participe passé,
le plus-que-parfait du subjonctif

L'Accord du participe passé

1. Donnez la règle pour l'accord du participe passé dans les temps composés des verbes (dans le passé composé et le plus-que-parfait, par exemple) pour

    a. les verbes transitifs

    _____

    b. les verbes intransitifs

    _____

    c. les verbes réfléchis

    _____

2. Trouvez dans le texte un verbe au passé composé avec un accord du participe passé. Notez-le ici en indiquant à quelle règle il se conforme.

    _____

    _____

Le Plus-que-parfait du subjonctif

3. Notez l'usage du plus-que-parfait du subjonctif dans la phrase «Les seules montagnes qu'il eût jamais connues étaient les trois volcans...» Le verbe *eût* est l'imparfait du subjonctif du verbe *avoir.* Il fonctionne ici comme verbe auxiliaire suivi par le participe passé. Pourquoi est-ce que le subjonctif est utilisé ici? Pourquoi y a-t-il un accord du participe passé?

    _____

    _____

Nom _____ Date _____

Enrichissez votre vocabulaire...

un renard	a fox	*se taire*	to be silent
un pommier	an apple tree	*le coin*	the corner
apprivoiser	to tame	*un malentendu*	a misunderstanding
un fusil	a gun	*le lendemain*	the next day
chasser	to hunt	*dès*	from
élever	to raise	*s'inquiéter*	to worry
une poule	a chicken	*le prix*	the price
créer	to create	*le cœur*	the heart
un lien	a tie, bond	*une vigne*	a vine, vineyard
semblable	like	*proche*	near
un(e) chasseur (-se)	a hunter	*souhaiter*	to wish
soupirer	to sigh	*vide*	empty
s'ennuyer	to be bored	*un(e) passant(e)*	a passerby
un bruit	a noise	*arroser*	to water
un pas	a step	*abriter*	to shelter
hors de	outside of	*tuer*	to kill
un terrier	a burrow	*une chenille*	a caterpillar
un champ	a field	*un papillon*	a butterfly
le blé	(the) wheat	*se plaindre*	to complain
inutile	useless	*se vanter*	to boast
l'or (m)	(the) gold	*la vérité*	the truth
doré(e)	golden	*afin de*	in order to

Nom _____ Date _____

A découvrir...

Répondez par écrit à ces questions. Après, discutez-les avec toute la classe.

1. Pourquoi le renard ne peut-il pas jouer avec le petit prince?

   _____

2. Que veut dire «apprivoiser» pour le renard?

   _____

   _____

   _____

   _____

3. Quelles sont les réflexions du renard qui font penser au petit prince que sa fleur l'a apprivoisé?

   _____

   _____

   _____

4. Le blé prendra une nouvelle valeur pour le renard qui ne mange pas de pain: c'est la même couleur des cheveux du petit prince et il lui rappellera son nouvel ami. Donnez un exemple personnel d'une chose peu intéressante qui a pris une nouvelle importance à cause d'un souvenir qui y est associé.

   _____

   _____

   _____

   _____

Nom _____ Date _____

5. Le petit prince veut bien apprivoiser le renard, mais il dit qu'il n'a pas beaucoup de temps, qu'il a des amis à découvrir et beaucoup de choses à connaître. Où se trouve la faiblesse dans son raisonnement?

_____

_____

_____

6. «Les hommes n'ont plus le temps de rien connaître. Ils achètent des choses toutes faites chez les marchands.» Est-ce que l'on peut acquérir l'amitié «toute faite»? Expliquez.

_____

_____

_____

7. Le renard dit au petit prince de ne pas parler pendant qu'il l'apprivoise. Que dit-il du langage? Qu'en pensez-vous? Est-il possible de communiquer et d'écouter avec le cœur, sans parler?

_____

_____

_____

Nom _____ Date _____

8. Le renard dit qu'il faut des rites. Citez-en quelques-uns dans notre société. Donnez un exemple d'un rite qui est peut-être quelque chose de trop oublié dans notre société.

_____

_____

_____

_____

9. Pourquoi la fleur du petit prince lui est-elle unique au monde?

_____

_____

10. Quel est le secret que le renard partage avec le petit prince? Donnez un exemple dans la vie d'aujourd'hui où nous pourrions pratiquer cette philosophie.

_____

_____

_____

_____

_____

Nom _____   Date _____

11. Le renard dit au petit prince, «C'est le temps que tu as perdu pour ta rose qui fait ta rose si importante.» Est-ce vraiment du temps perdu dans le sens propre du mot? Expliquez ce qu'il veut dire.

_____

_____

_____

_____

12. Indiquez une citation qui vous semble importante, intéressante, touchante ou amusante.

_____

_____

_____

Contrôle grammatical

Le Futur antérieur, le conditionnel passé, le plus-que-parfait (révision); les phrases conditionnelles

Le Futur antérieur

A. Le futur antérieur est formé avec le verbe auxiliaire (*avoir* ou *être*) au futur et le participe passé du verbe principal. Il peut indiquer

1. une action future antérieure à une autre action au futur: Quand tu *auras terminé,* tu pourras partir.

2. une action qui sera accomplie à un certain moment dans le futur: Il *aura fini* dans un an.

3. un fait passé imaginé: Elle ne répond pas au téléphone; elle *sera* déjà *partie.*

Nom _____   Date _____

1. Trouvez un exemple du futur antérieur dans le texte et écrivez-le ici. Pourquoi est-il utilisé?

_____

_____

_____

Le Conditionnel passé

B. Le conditionnel passé est formé avec le verbe auxiliaire (*avoir* ou *être*) au conditionnel et le participe passé du verbe principal: J'*aurais aimé* aller avec elle.

Le Plus-que-parfait

2. Révisez la formation du plus-que-parfait dans le **Contrôle grammatical** du chapitre 8.

_____

Les Phrases conditionnelles

C. Voici un résumé des temps des verbes utilisés dans les phrases conditionnelles. Notez bien qu'il n'y a pas d'exception à cette formule.

Proposition conditionnelle avec *si* (condition, hypothèse)	Proposition principale (conséquence, résultat)
Présent	Futur Présent Impératif
Imparfait	Conditionnel
Plus-que-parfait	Conditionnel passé

Nom _____ Date _____

3. Trouvez dans le texte

    a. une phrase conditionnelle avec un verbe à l'impératif dans la proposition principale

    _____

    b. une phrase conditionnelle avec un verbe au conditionnel dans la proposition principale

    _____

    _____

    _____

    _____

4. Complétez les phrases conditionnelles suivantes, basées sur cette phrase du texte: «Mais si tu m'apprivoises, ma vie sera comme ensoleillée.»

    a. Mais si tu m'apprivoisais, ma vie _____ comme ensoleillée.

    b. Mais si tu m'avais apprivoisé, ma vie _____ comme ensoleillée.

Commentaire

Le renard dit, «Tu deviens responsable pour toujours de ce que tu as apprivoisé.» Que pensez-vous de cette idée? Dites si vous êtes d'accord ou non et soutenez votre point de vue. Écrivez un paragraphe d'une demi-page. N'oubliez pas, bien sûr, de bonnes phrases d'introduction et de conclusion. Un bon titre original, qui reflète le contenu de votre commentaire, est indispensable.

Discutez vos idées en classe avant de commencer. Notez-les à la page suivante.

Nom _____ Date _____

_____

_____

_____

_____

_____

_____

_____

_____

_____

_____

_____

_____

_____

Nom _____ Date _____

Enrichissez votre vocabulaire...

Chapitre 22

un aiguilleur	a railway switchman	*pressé(e)*	in a hurry
trier	to sort out	*poursuivre*	to pursue
expédier	to send	*là-dedans*	inside
emporter	to carry away	*bâiller*	to yawn
tantôt...tantôt	sometimes...sometimes	*écraser*	to crush
un rapide	an express train	*une vitre*	a windowpane
gronder	to rumble, roar	*une poupée*	a doll
le tonnerre	(the) thunder	*un chiffon*	a rag
une cabine d'aiguillage	a switching cabin	*la chance*	(the) luck

Chapitre 23

un(e) marchand(e)	a merchant	*un besoin*	a need
une pilule	a pill	*épargner*	to save
apaiser	to appease	*dépenser*	to spend
avaler	to swallow	*doucement*	slowly
éprouver	to feel, experience		

Nom _____   Date _____

A découvrir...

Répondez par écrit à ces questions. Après, discutez-les avec toute la classe.

Chapitre 22

1. Que fait l'aiguilleur?

   _____

2. Décrivez le comportement des voyageurs (à part les enfants) dans les trains. Notez trois choses. Qu'est-ce que ces comportements peuvent nous dire de leur attitude envers la vie?

   _____

   _____

   _____

   _____

   _____

3. Les voyageurs sont bien pressés même s'ils ne savent pas ce qu'ils veulent. Donnez un exemple dans la vie moderne où l'on s'occupe de quelque chose avec beaucoup d'activité ou d'attention qui finalement n'a pas de sens ou de valeur.

   _____

   _____

   _____

Nom _____ Date _____

4. «On n'est jamais content là où l'on est.» Trouvez un exemple de cette idée dans le monde d'aujourd'hui.

_____

_____

_____

5. D'après le petit prince, pourquoi les enfants ont-ils de la chance? Donnez un exemple de votre enfance qui démontre cette chance des enfants de prendre plaisir à faire quelque chose de très simple.

_____

_____

_____

6. Les enfants perdent du temps pour une poupée de chiffons. Est-ce vraiment perdre du temps? Que disait le renard sur la perte du temps? Que voulait-il dire? Qui dans ce chapitre perd véritablement du temps, dans le sens propre du mot?

_____

_____

_____

7. Que peut représenter le train?

_____

Nom _____ Date _____

Chapitre 23

8. Que vend le marchand? Pourquoi les trouve-t-il utiles?

_____

_____

9. Que ferait le petit prince s'il avait cinquante-trois minutes à dépenser? Trouve-t-il donc utile l'invention du marchand?

_____

_____

_____

10. Donnez un exemple personnel où, en pensant que nous économisons du temps, nous nous privons du plaisir, de la joie et de la douceur de faire quelque chose plus longuement, en y prenant du temps et même en y perdant du temps.

_____

_____

_____

Nom _____ Date _____

11. Le marchand pense avoir une bonne idée, mais il raisonne avec la tête et pas avec le cœur. Donnez un exemple ou, éperdu d'admiration pour une invention ou pour une idée originale, nous ne voyons pas qu'elle ne contribue pas au bonheur de l'homme et que même elle supprime ce bonheur.

_____

_____

_____

_____

_____

_____

12. Indiquez une citation qui vous semble importante, intéressante, touchante ou amusante.

_____

_____

_____

Nom _____   Date _____

Contrôle grammatical

Le Participe présent, les phrases conditionnelles (révision)

Le Participe présent

1. Comment formez-vous le participe présent? (Revoir le **Contrôle grammatical** du chapitre 8.)

   _____

   _____

   _____

2. Comment peut-on utiliser le participe présent?

   _____

   _____

   _____

3. Quelles sont les formes irrégulières du participe présent pour les verbes *avoir, être* et *savoir*?

   _____   _____   _____

4. Trouvez un participe présent dans le texte.

   _____

Nom _____ Date _____

Les Phrases conditionnelles

5. Reproduisez ici le schéma des temps des verbes utilisés dans les phrases conditionnelles. (Voir le **Contrôle grammatical** pour chapitre 21.)

Proposition conditionnelle avec *si* (condition, hypothèse)	Proposition principale (conséquence, résultat)

6. Trouvez une phrase conditionnelle dans le texte et identifiez les temps des verbes utilisés.

_____

_____

Nom _____   Date _____

Enrichissez votre vocabulaire...

une panne	a breakdown	*un trésor*	a treasure
une goutte	a drop	*enfouir*	to bury
s'agir de	to be a question of	*le fond*	the bottom
la faim	(the) hunger	*ému(e)*	moved
suffire	to be enough	*la lumière*	the light
un puits	a well	*la lune*	the moon
apercevoir	to see, perceive	*le front*	the forehead
un rêve	a dream	*une mèche*	a lock (of hair)
une fièvre	a fever	*une écorce*	a shell, husk
se taire	to keep quiet	*la lèvre*	a lip
auprès de	beside	*entr'ouvert(e)*	half-open, parted
un pli	a fold, undulation	*ébaucher un sourire*	to give a hint of a smile
le sable	the sand	*s'émouvoir*	to be moved
rayonner	to radiate, shine	*un coup de vent*	a gust of wind
embellir	to embellish, make beautiful	*éteindre*	to extinguish, put out

A découvrir...

Répondez par écrit à ces questions. Après, discutez-les avec toute la classe.

1. Dans quelle situation difficile se trouvait Saint-Exupéry?

    _____

    _____

Nom _____ Date _____

2. De quoi préférait parler le petit prince? Est-ce que vous vous rappelez d'une autre situation où le petit prince trouvait quelque chose de plus importante que les préoccupations de l'auteur?

_____

_____

_____

_____

3. Saint-Exupéry et le petit prince se sont enfin mis en marche pour chercher un puits. Pourquoi Saint-Exupéry trouvait-il cette idée absurde?

_____

_____

4. Dans quelle condition physique se trouvait Saint-Exupéry?

_____

_____

_____

_____

Nom _____   Date _____

5. Quelles sont les actions de Saint-Exupéry qui servaient comme preuves de son amitié pour
    le petit prince?

    _____

    _____

    _____

    _____

    _____

6. «Ce qui embellit le désert, dit le petit prince, c'est qu'il cache un puits quelque part…»
    Trouvez au moins deux autres exemples dans ce chapitre de quelque chose de précieux qui
    est caché, que l'on ne voit pas.

    _____

    _____

    _____

    _____

7. Donnez un exemple personnel d'une chose qui a une beauté extérieure à cause d'une chose
    précieuse cachée à l'intérieur.

    _____

    _____

8. D'après le renard, on ne voit bien qu'avec le cœur. Quelle émotion est-ce que nous voyons
    ou ressentons avec le cœur?

    _____

© NTC Publishing Group

Nom _____ Date _____

9. De quelles autres paroles du renard devons-nous nous rappeler ici? (Voir le chapitre 21.)

_____

_____

10. Le petit prince dit que l'eau peut aussi être bonne pour le cœur. Que peut représenter l'eau? Que peut donc représenter la soif?

_____

_____

_____

11. Que peut représenter l'écorce? La flamme d'une lampe?

_____

_____

12. La marche dans le désert semblait une perte de temps, mais quel en était le résultat? Qu'avez-vous trouvé au sujet de la perte du temps dans votre discussion lors des questions des chapitres 22 et 23?

_____

_____

_____

Nom _____ Date _____

13. Indiquez une citation qui vous semble importante, intéressante, touchante ou amusante.

_____

_____

_____

Contrôle grammatical

Le Plus-que-parfait, le participe présent, les phrases conditionnelles, le subjonctif (révision)

Trouvez dans le texte

a. un verbe au plus-que-parfait

_____

b. trois participes présents

_____ _____ _____

c. une phrase conditionnelle

_____

d. un verbe au présent du subjonctif. Pourquoi ce verbe est-il utilisé?

_____

_____

_____

Nom _____ Date _____

Enrichissez votre vocabulaire...

s'enfourner	to shut oneself up		*un aliment*	(a) food, nourishment
la peine	(the) pain, trouble, difficulty		*la messe*	(the) Mass
atteindre	to attain, reach		*aveugle*	blind
un trou	a hole		*le miel*	(the) honey
creuser	to dig, hollow out		*une muselière*	a muzzle
prêt(e)	ready		*une ébauche*	a rough sketch
une poulie	a pulley		*un chou*	a cabbage
un seau	a bucket		*fier, fière*	proud
gémir	to groan, moan		*une corne*	a horn
une girouette	a weather vane		*serré(e)*	tight, contracted
lourd(e)	heavy		*le cœur serré*	sick at heart
hisser	to hoist, raise		*la chute*	the fall
une margelle	an edge		*rougir*	to blush
d'aplomb	upright, steadily		*de nouveau*	again
soulever	to raise, lift up		*éprouver*	to feel, experience
la lèvre	the lip			

Nom _____ Date _____

A découvrir...

Répondez par écrit à ces questions. Après, discutez-les avec toute la classe.

1. Décrivez le puits que Saint-Exupéry et le petit prince ont trouvé.

   _____

   _____

   _____

   _____

2. Le petit prince dit qu'il a soif de cette eau-là, comme s'il s'agit d'une eau spéciale. Si cette eau que cherchaient Saint-Exupéry et le petit prince est bien autre chose qu'un aliment, qu'est-ce que c'est?

   _____

   _____

   _____

3. Qu'est-ce que le petit prince cherchait? L'a-t-il trouvé? Et qu'a trouvé Saint-Exupéry?

   _____

   _____

   _____

Nom _____ Date _____

4. Le petit prince dit que les hommes cultivent cinq mille roses dans un même jardin et ils n'y trouvent pas ce qu'ils cherchent. Et cependant ce qu'ils cherchent pourrait être trouvé dans une seule rose ou un peu d'eau. Quelle est la leçon ici pour nous? Trouvez dans votre vie personnelle un exemple parallèle à celui du petit prince.

_____

_____

_____

_____

5. «On ne voit bien qu'avec le cœur» (chapitre 21). «Il faut chercher avec le cœur.» Quelles autres choses pensez-vous que l'on doit faire avec le cœur?

_____

_____

6. Quelle promesse Saint-Exupéry devait-il tenir?

_____

7. Que pensait le petit prince des ébauches de l'auteur?

_____

8. Les ébauches ne posaient finalement pas de problème. Pourquoi?

_____

Nom _____ Date _____

9. De quel anniversaire parle le petit prince? Était-ce par hasard qu'il se promenait dans cette région déserte?

_____

_____

_____

10. Pourquoi pensez-vous que Saint-Exupéry, le cœur serré, ressentait du chagrin, de la peur?

_____

_____

_____

_____

11. Et vous, que ressentez-vous à la fin de ce chapitre?

_____

_____

12. Indiquez une citation qui vous semble importante, intéressante, touchante ou amusante.

_____

_____

_____

Nom _____ Date _____

Contrôle grammatical

Le Plus-que-parfait (révision)

1. Comment formez-vous le plus-que-parfait? (Voir le **Contrôle grammatical** du chapitre 8.)

    _____

    _____

2. Comment utilisons-nous le plus-que-parfait?

    _____

    _____

3. Trouvez dans le texte deux exemples de ce temps du verbe.

    _____   _____

Rédaction

Développez le parallèle fait par Saint-Exupéry entre l'eau et ce qu'elle représente. Écrivez une rédaction de cinq paragraphes de cinq à huit phrases chacun. Le premier paragraphe servira d'introduction au sujet et aux idées que vous voulez traiter. Continuez avec trois paragraphes pour développer votre thème. Soutenez votre point de vue avec ce que vous avez lu dans le texte et votre interprétation là-dessus. Votre rédaction doit comporter aussi, bien sûr, vos réflexions et vos idées personnelles. Utilisez le cinquième paragraphe pour donner la conclusion que vous tirez de vos observations. Évitez de longues citations du texte; il est mieux de les exprimer dans vos propres mots. Un bon titre original, qui reflète le contenu de votre composition, est indispensable.

Référez-vous à vos réponses aux questions ci-dessus pertinentes à ce sujet. Discutez vos idées en classe avant de commencer. Notez-les à la page suivante.

Nom _____ Date _____

_____

_____

_____

_____

_____

_____

_____

_____

_____

_____

_____

_____

© NTC Publishing Group

Nom _____   Date _____

Enrichissez votre vocabulaire...

à côté de	next to	*un rire*	a laugh
un mur	a wall	*au-dessus*	above
une pierre	a rock	*doux (-ce)*	sweet
le lendemain	the next day	*fleuri(e)*	abloom
là-haut	up there	*la poulie*	the pulley
pendant(e)	hanging	*un cadeau*	a gift
assis(e)	seated	*un(e) savant(e)*	a scholar
tout à fait	exactly	*se taire*	to be silent
une voix	a voice	*rire*	to laugh
l'endroit (m)	the place	*avoir envie de*	to feel like
le venin	(the) venom	*étonner*	to astonish
le cœur serré	sick at heart	*fou, folle*	crazy
abaisser	to lower	*un vilain tour*	a dirty trick
dressé(e)	raised	*au lieu de*	in place of
fouiller	to dig, go through	*un tas*	a pile, a lot
tirer	to take out, shoot	*un grelot*	a sleigh bell
prendre le pas de course	to start to run	*mordre*	to bite
un bruit	a noise	*méchant(e)*	mean, nasty
couler	to flow, sink	*rassurer*	to reassure
se faufiler	to thread, slip	*une morsure*	a bite
un cache-nez	a muffler, scarf	*s'évader*	to escape, slip away
mouiller	to moisten	*avoir tort*	to be wrong
les tempes (f)	the temples	*avoir de la peine*	to suffer
oser	to dare	*lourd(e)*	heavy
une carabine	a carbine (gun)	*une écorce*	a shell, husk
manquer	to be lacking	*rouillé(e)*	rusty
l'espérance (f)	(the) hope	*verser*	to pour
serrer dans les bras	to hug	*bouger*	to move
un abîme	an abyss	*un éclair*	a flash
glacé(e)	frozen	*la cheville*	the ankle
supporter	to endure, stand		

Nom _____ Date _____

A découvrir…

Répondez par écrit à ces questions. Après, discutez-les avec toute la classe.

1. Avec qui parlait le petit prince? Pourquoi le petit prince était-il assis en haut d'un mur?

   _____

   _____

2. De quoi le petit prince parlait-il avec le serpent? Quel rendez-vous ont-ils fixé? Pourquoi?

   _____

   _____

   _____

   _____

3. Quand Saint-Ex voit le serpent, que veut-il faire? Pourquoi n'a-t-il pas réussi?

   _____

   _____

4. Quelles descriptions dans le texte nous font voir que le petit prince avait peur?

   _____

   _____

   _____

   _____

   _____

Nom _____   Date _____

5. Pourquoi avait-il peur?

    _____

    _____

6. Pourquoi le retour chez le petit prince était-il plus difficile que celui de Saint-Ex?

    _____

    _____

    _____

7. Le petit prince ne pouvait pas emporter son corps trop lourd pour retourner dans sa
    planète. Sans le corps que peut-il rester? Où peut-on aller?

    _____

    _____

8. Quel était le cadeau que le petit prince a fait à Saint-Exupéry?

    _____

    _____

9. Pourquoi le petit prince pleurait-il? Relisez les derniers mots du chapitre 25. Qu'avait dit
    le renard?

    _____

    _____

    _____

Nom _____ Date _____

10. Comment le petit prince est-il mort?

_____

_____

_____

_____

11. Indiquez une citation qui vous semble importante, intéressante, touchante ou amusante.

_____

_____

_____

12. Le petit prince avait-il accompli le but de son voyage? Avait-il finalement trouvé ce qu'il cherchait? Expliquez.

_____

_____

_____

13. Saint-Exupéry a réussi la réparation difficile sur son avion. Il peut maintenant repartir. Quelle autre chose importante a-t-il accomplie après ses huit jours dans le désert? Qu'a-t-il trouvé?

_____

_____

_____

_____

Nom _____ Date _____

14. Le petit prince porte un cache-nez, un foulard, comme le portait l'auteur alors pilote dans la vie. Est-ce que cela nous donne une indication d'une identité cachée de ce petit bonhomme que nous aimons tellement?

_____

_____

_____

15. Le petit prince ne répond pas quand Saint-Ex lui demande comment il savait qu'il avait réussi sa réparation sur son avion. Que pensez-vous?

_____

_____

_____

16. Y a-t-il une raison pour laquelle Saint-Exupéry et le petit prince vont quitter le désert en même temps? Expliquez.

_____

_____

_____

17. Que ressentez-vous à la fin de ce chapitre?

_____

_____

_____

Nom _____ Date _____

Contrôle grammatical

Le Futur après des expressions du temps; le subjonctif (révision)

Le Futur après des expressions du temps

Utilisez le futur après les expressions *quand, lorsque, dès que, aussitôt que* et *après que* pour une action future. (En anglais le verbe est au présent.)

1. Trouvez dans le texte deux verbes au futur qui suivent une de ces expressions et qui indiquent une action future. Écrivez-les ici.

    _____   _____

Le Subjonctif

2. Trouvez deux verbes au subjonctif. Expliquez pourquoi ils sont utilisés.

    _____

    _____

    _____

Nom _____   Date _____

Enrichissez votre vocabulaire...

vivant(e)	living, alive	*aucun(e)*	no, not any
une courroie	a strap	*un paysage*	a landscape
le cuir	(the) leather	*afin de*	in order to
tantôt...tantôt	sometimes...sometimes	*arriver*	to arrive, happen
surveiller	to watch over	*supplier*	to beg
distrait(e)	absent-minded	*se presser*	to be in a hurry
une fois	a time	*deviner*	to guess
une larme	a tear	*soyez...!*	be...!
semblable	the same	*laisser*	to leave

A découvrir...

Répondez par écrit à ces questions. Après, discutez-les avec toute la classe.

1. Comment les amis de Saint-Ex ont-ils réagi en retrouvant leur ami vivant?

    _____

2. Pourquoi l'auteur était-il triste?

    _____

Nom _____   Date _____

3. Pourquoi pensez-vous qu'il ne leur a pas raconté ce qui s'était passé dans le désert?

    _____

    _____

4. Comment l'auteur a-t-il pu savoir que le petit prince était revenu sur sa planète?

    _____

    _____

5. Pour quelles autres raisons se sent-il un peu consolé?

    _____

    _____

    _____

6. Pourquoi n'est-il pas totalement consolé? Quelle est la question qui trouble Saint-Exupéry?

    _____

    _____

Nom _____ Date _____

7. Notez comment les sentiments de l'auteur sont influencés par son état d'esprit. S'il imagine que tout va bien sur la planète du petit prince, les étoiles rient pour lui. Par contre, s'il imagine que le mouton a mangé la fleur, toutes les étoiles semblent pleurer. Donnez un exemple personnel où simplement en changeant votre façon de penser, le monde extérieur semble être heureux ou bien triste. Quelle leçon pouvons-nous tirer de ceci?

_____

_____

_____

_____

8. Que demande l'auteur à ses lecteurs? Quelle est la naïveté touchante de sa requête?

_____

_____

_____

_____

9. Indiquez une citation qui vous semble importante, intéressante ou touchante.

_____

_____

_____

Nom _____ Date _____

10. En juillet 1944, pendant la deuxième guerre mondiale, Saint-Exupéry était porté disparu après ne pas être revenu d'un vol de reconnaissance des objectifs ennemis en France. On n'avait jamais retrouvé ni corps ni avion. Comparez la disparition du petit prince avec celle de Saint-Exupéry.

_____

_____

11. Que représente pour vous l'étoile dans le dernier dessin?

_____

_____

12. Quels sentiments ressentez-vous à la fin de cette histoire? Expliquez pourquoi.

_____

_____

_____

_____

Nom _____ Date _____

Contrôle grammatical

Le Futur antérieur, l'imparfait, le passé composé (révision)

Le Futur antérieur

1. Révisez le futur antérieur dans le **Contrôle grammatical** du chapitre 21. Comment est-il formé? Quand est-il utilisé?

_____

_____

_____

_____

2. Trouvez dans le texte un exemple du futur antérieur. Écrivez-le ici. Pourquoi est-il utilisé?

_____

_____

L'Imparfait

3. Quand utilise-t-on l'imparfait?

_____

_____

_____

Nom _____   Date _____

4. Trouvez dans le texte deux verbes à l'imparfait. Pourquoi sont-ils utilisés?

    _____

    _____

Le Passé composé

5. Quand utilise-t-on le passé composé?

    _____

6. Trouvez dans le texte deux exemples du passé composé et écrivez-les ici. Pourquoi sont-ils
    utilisés?

    _____

    _____

Rédaction

Face à la mort, Saint-Exupéry a eu ces conversations avec un petit être. Si vous étiez dans une
situation pareille, où la mort était imminente, à quoi penseriez-vous? Qu'est-ce qui vous
semblerait important dans la vie?

Écrivez une rédaction de cinq paragraphes de cinq à huit phrases chacun. Le premier paragraphe
servira d'introduction au sujet et aux idées que vous voulez traiter. Continuez avec trois
paragraphes pour développer votre thème. Donnez des exemples pour soutenir votre point de
vue. Votre rédaction doit comporter, bien sûr, vos réflexions et vos idées personnelles. Utilisez le
cinquième paragraphe pour donner la conclusion que vous tirez de vos observations. Évitez de
longues citations du texte; il est mieux de les exprimer dans vos propres mots. Un bon titre
original, qui reflète le contenu de votre composition, est indispensable.

Discutez vos idées en classe avant de commencer. Notez-les ici.

Nom _____ Date _____

_____

_____

_____

_____

_____

_____

_____

_____

_____

_____

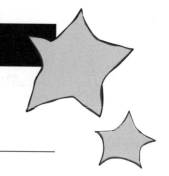

Nom _____ Date _____

Rédaction finale

Développez un des thèmes indiqués ci-dessous dans une rédaction classique de cinq paragraphes. Chaque paragraphe doit comporter de cinq à huit phrases. Le premier paragraphe servira d'introduction au sujet et aux idées que vous voulez traiter. Commencez avec un court résumé de l'histoire. Écrivez quelques phrases de transition pour amener le lecteur à considérer le thème que vous avez choisi. Continuez avec trois paragraphes pour développer votre thème. Soutenez votre point de vue avec des exemples du texte et votre interprétation là-dessus. Votre rédaction doit comporter aussi, bien sûr, vos réflexions et vos idées personnelles. Utilisez le cinquième paragraphe pour donner la conclusion ou les conclusions que vous tirez de vos observations. Évitez des citations du texte; il est mieux de les exprimer dans vos propres mots. Un bon titre original, qui reflète le contenu de votre composition, est indispensable.

Discutez vos idées en classe avant de commencer.

Thèmes

L'Adulte et l'enfant dans chacun de nous

L'Amitié (du petit prince avec la fleur, le renard, Saint-Exupéry)

Le Devoir et la responsabilité

Le Secret du renard

L'Homme ne voit dans ce vaste univers que ce qu'il est preparé à y voir.

Le Plus Grand Nombre de gens s'agite sans savoir pourquoi.

Pourtant…le bonheur existe.

Qui est le petit prince?

Prenez une phrase du texte qui vous paraît importante et développez l'idée avec vos idées personnelles.